Schneekluth
Münchner Edition

Münchner Edition
Herausgegeben von Heinz Piontek

Über den Autor

Richard Exner, geboren 1929 in Niedersachswerfen/
Harz, verbrachte seine Kindheit und Jugend in
Darmstadt. 1950 wanderte er in die USA aus. Dort
studierte er u. a. Germanistik, vergleichende Literatur-
wissenschaft. Seit 1965 ist er ordentlicher Professor
in Santa Barbara, University of California. Exner gilt als
einer der besten Hofmannsthal-Kenner. Es gibt außer
Fachbüchern zahlreiche Essays, Studien, Reden und
Rezensionen von ihm, aber auch frühe Lyrik. 1980
erschien der Gedichtband ›Fast ein Gespräch‹. Ferner
hat er sich als poetischer Übersetzer aus dem Englischen
ins Deutsche (Yeats, Jeffers, Stevens) und aus dem
Deutschen ins Englische (Goll, Piontek) bewährt.
Die Bayerische Akademie der Schönen Künste wählte
ihn zu ihrem korrespondierenden Mitglied.

Richard Exner

Mit rauchloser Flamme

Gedichte Schneekluth

CIP-Kurztitelaufnahme der Deutschen Bibliothek

Exner, Richard
Mit rauchloser Flamme: Gedichte/Richard Exner
München: Münchner Edition · Schneekluth, 1982
ISBN 3-7951-0791-1

ISBN 3-7951-0791-1

© 1982 by Franz Schneekluth Verlag, München
Gesamtherstellung Mohndruck Graphische Betriebe GmbH, Gütersloh
Printed in Germany 1982

I. S.

Wen die Götter lieben

Wen die Götter lieben

dem bleiben
an Händen und Füßen
die Flecken erspart,
das glasige Schwirren
kleiner Finsternisse
vor den Augen,
die plötzlichen Gräben
im Fleisch,
das Ersticken
auf offener Straße
und die Müdigkeit aus der er sich
ins Feuer wünscht

der kommt
nach der Wegmitte
um das behutsame Einschlafen
an einer Schulter,
um die immer geringere
Pulszahl beim Abschied,
um den Moment
als heute früh
den Tod zu blenden
sich die gelbe Rose
in deinen Blick warf
ehe du sprachst.

für Francis Golffing

Bilanz

Die liebe Illusion,
es der Natur
bis in den Wortschatz
gleichzutun.

All die Symbolik
von Blüte, Stämmigkeit
und Wurzeln
ist wunschdurchwachsenes
Palaver.

Wir brechen nicht
wie Bäume in den Fluß,
aus denen es erneut
emporsprießt,
wie Bäume, die uns,
tot und zurechtgehobelt,
als Kinder schaukeln
und ins Grab.
Wir sind nicht,
nicht einmal bei Gott
sind wir
blühender Flieder,
den man in Vasen stellt.

Wir sind Fleisch,
verrückt nach Fleisch
und davon angeekelt.
Wir glänzen, werden
faltig, fleckig – und
wenn uns kein Feuer hilft,
verfaulen wir
und sind,
zum Hinknien überraschend,
auch Geist:
erhitzte Luft,
geronnen zu Gesichten –
später in Worten,
in Öl und Stein skizziert –
und manchmal sind wir's,
wie Funkenflug,
aus Liebe
schon lebendigen Leibes.

Gleichgewicht

Unversehens,
meistens um die alptraumhafte
Mitte des Lebens,
kommt die Stunde,
wenn wir,
mitten im Zug,
das Glas,
in dem es noch glänzt,
absetzen
und die gierig
nach Haut und Haaren
langende Hand
zurückziehn
und das eben geöffnete Fenster
wieder schließen.

Essen und fasten,
Blumen in Vasen stellen
oder zertreten,
in Spiegel schauen
oder sie zuhängen,
auf einen zugehn
oder abgewandt warten,
bis er vorüber ist:
alles mit gleicher Lust.

Wir wollen
fast atemlos
und ungekannt heftig
leben und zugleich
tot sein.

Die Stunde
des Schreckens
auf dem Zenith.

Ein Schritt,
und das Zünglein an der Waage
schlägt für immer aus
und schweigt.

Mit sechzehn

Wenn sie sich
(mehrmals am Tag)
im Spiegel betrachtet:
im Grunde alles
zum Entzücken.
Sie nickt sich zu.

Mit sechzehn vergehen
die Tage schon schneller.
Unglück und Glück sind bereits
schärfer geschieden.
Aber was kommt,
ist trotzdem noch
unübersehbar:

Ein Strand mit Möwen,
scheinbar endlos.
Unzählige Straßen,
die meisten unmarkiert,
aber alle frisch,
breit genug
und sehr bunt.

für Antonia

Ausgewandert, sechsundachtzig

Ich steige
unablässig,
aber der Überblick
und der Atem
verringern sich.

Ich komme kaum
vom Fleck.
Es genügt mir zu wissen,
es gibt andere Städte
und Meere.
Es muß mir genügen.

Unterdessen
wird die Einsamkeit
unbeschreiblich.

An manchen Tagen
spreche ich nur
aus Höflichkeit.

Wem frommt das überhaupt,
frage ich mich.
Es heißt immer
wie rüstig,
fast blühend.
Als hätte eine alte Frau
keinen Zugang
zur Wahrheit.

Irgendwo sagt der Psalmist,
vor seinem Herrn
seien tausend Jahre
wie der gestrige Tag.

Nach einem knappen Zehntel
finde ich keine Zuflucht
in meiner Vergänglichkeit.

3

Ihr vergebt mir,
wenn ich mehrmals ansetze.
Ein Leben ist lang und besteht
neben Jahreszeiten,
gelegentlichen Ankünften
und Zusammenbrüchen
aus Unermeßlichem.

Ich vergesse leicht.
Die vielen Wiederholungen.
Oft verschwimmen mir
die Zusammenhänge –

der zwei Kontinente
zum Beispiel.
Die Heimat eine Summe
aus Jahren
und Distanz.
Achttausend Kilometer.
An schlimmen Tagen
ist Deutschland entfernter
als das Jenseits.

Besucher von drüben
strahle ich an.
Wer hinfährt,
nimmt mich oft
(es belastet ja nicht)
als Gruß mit.

Ich reise vorwiegend nachts.
Mein Billett kaufe ich
im Schlaf.

Tränen vergossen
und getrocknet,
Liebe
(Blau zwischen Wolken)
hin und wieder
erfahren.
Und öfter Freundlichkeit.

Unterschätzt das bitte nicht:
Ein Strauß,
viel Gedrucktes,
Süßigkeiten,
das Telegramm des Gouverneurs
zum Achtzigsten –
es summiert sich.

Die scharfen Genüsse und den Blick
auf die Glanzfotos des Lebens
habe ich mir verkneifen müssen.
Ich weiß nicht warum.

Aber Kinder,
nicht meine,
haben mich angelacht
und berührt.
Ich bin dankbar.

Ein unauffällig hingestellter Teller
und eine vermiedene Zurechtweisung
sind Zärtlichkeiten.

Ihr hört,
ich klage nicht.

Dabei zog
mein Leben
mehrmals blank
und der Schmerz schnitt
meine Nächte in Streifen.

Aber ihr seht,
ich habe überlebt.

Ich habe das Leben
im Rücken
und den großen Sturm,
vor dem sie sich fürchten
und betrinken,
ebenfalls.

Aus dem Hinterhalt
wird er mich also nicht treffen.
Menschen meines Alters
lauert nicht einmal er auf.

Er wird auf mich zukommen
und mich mit ein paar deutschen Worten
bei der Schulter nehmen
oder einfach dastehen,
wenn ich eines Morgens,
während ich sie beschneide,
von meinen Rosen aufschaue.

Sie blühen heuer
so wild
und so jung.

Abschied

Ein Passant
hätte es vielleicht als Flucht
beschrieben.

Ich dachte,
so verlassen Menschen
das Leben.

Wir hatten nicht
ausgetrunken.

Im Gespräch
hatte er Jahre
überflogen.

Auf Minuten
hing die Stimme
noch in der Luft.

Viel rascher
stirbt es sich nicht.

Die Gläser
blieben stehen.

Irgendwann

Es ist gerade kein Krieg.

In Manchester werden
(es passierte wieder
in Teneriffa)
Todesanzeigen gedruckt,
im Iran
Menschen wie Wertpapiere
an verschiedenen Orten
verstaut.

Überall
warten sie
auf den nächsten Schritt,
und wie die Börse
darauf reagiert.

Ganz links
auf der Karte
sterben Tausende
auf der Flucht.

Nach München eilen
zwei Intercity-Züge,
die nicht verunglücken
dürfen.

Am Regenhimmel
suche ich heute
dein Gesicht.

Und bringe
nichts von alledem
zusammen.

Im Süden, Algarve

Gerade trug
die Brandung
uns landeinwärts.

In den Grotten
war die Schrift
des Wassers
erloschen.

Ein fremder Himmel.

Die Stunden
aus schierer Wärme
und aus Lampen,
draußen auf Booten
schaukelnd.

Wir saßen
und zählten sie
und gingen ihnen
wie der Fang
ins Netz.

Der Schlaf war
kurz und trocken.
Vor fünf verblaßten
am Horizont bereits
die Lichter.

In einer grauen
grünen dann rot
und strahlend weißen Flut
ertränkt der Tag hier
Boote, Land
und Schläfer.

für Günter Seefeldt

Wenn

Lachhaft,
wenn er kommt,
zu sagen:
Ich muß noch aufräumen,
mich verabschieden,

muß noch mit ihm
zwei Worte sprechen
und sie (aufzählen
langweilt ihn)
noch einmal sehen.

Noch und noch.

Lachhaft.

Das Versäumte
begrenzt dich,
sagt er,
zum Verspielen
warst du geschickt.

Mehr also nicht.
Wenig, sehr wenig,
wenn du die Nächte bedenkst.

Worte, Gesten, sich um
und umdrehen:
der letzte Unsinn,

der allerletzte.

Jacaranda

Der Wind
treibt heute Augen.

Vor Wochen meinten wir
sie werde diesmal die gewohnte
Pracht überschlagen.

Dann nahm sie
zwei drei offne Tage
in ihre Zweige
und blühte ganze Kuppeln
aus Firmament.

Jetzt hält sie nichts
zurück. Stückweise schlägt
wohin du gehst
unüberhörbar
der Himmel vor dir auf.

Abfahrt

Hunderte mit Gepäck,
und der Zug
reißt das Gesicht
aus der Halle.

Die letzte Umarmung
und das Versprechen
sich wiederzusehen –
doch, doch, das bleibt
in den Kleidern.

Nach Abschieden
immer die schnellsten
Züge.
Je rascher der Schnitt,
um so reiner
heilen die Wunden.

Stunden später
liegt nur das Licht
deines Gesichts
in der Hand.

Glaub mir,
seit Jahren
übe ich das
und lerne es nie.

für Bettina

Ewigkeit

Einmal
wird dein Atem
wieder Wind

und wir müssen
durch die Luft
auf unseren
Worten.

Also bleib
noch einen Tag
und sprich.

Einsicht

Gedichte

Wörter,
die dich wie Wölfe anfallen,
daß du die Hände hinhältst und sie opferst,
um den Leib zu retten.

Zeilen,
wie ein Strick um die Gurgel,
wie eine Faust ins Geschlecht.

Pausen,
an denen du erstickst.

Am Meer

Wie neulich
der Reiher
im ersten Licht,
der Dünung,
die gerade zu gleißen begann,
den Kopf zuwandte,
so völlig lautlos
möchte ich einmal
Worte setzen,
sie gleiten
und als Wellen
branden lassen
an seinen unbeweglichen
Blick.

Das wäre
der dennoch hörbare
Atem der Schrift.

F. K.

Heute
verstand ich
zum erstenmal seinen Wunsch
nie dagewesen zu sein.

Vielleicht
sähen andere
dann eine leere schwarze
oder eine weiße
Stelle.

Niemand wüßte
was sie bedeutet hat
und ob sie sich jemals
füllt oder färbt.

Nie vorhanden
bist du vollkommener
als jemand
der am Ende
eines langen dunklen Ganges
schreibt
und wie ein Tier
gefüttert wird.

Vielleicht
strömt dort
Musik ein
wo nichts mehr
ist.

Einsicht

Sisyphus
listig wie immer
aber älter
meinte er müsse
endlich die Kraft
die den Stein wälzt
von der die ihn bremst
unterscheiden

Die Götter
gelangweilt wie immer
lachten ihm zu
er solle den Stein
doch endlich
umarmen:

Im Sturz
noch ehe sie sich
im Aufschlag durchdrangen
wurden sie eins.

Einer
des anderen
Inschrift.

(Für Kleist)

Zwei
aus Milliarden.
Erklär mir's,
wenn ich nicht
wahnsinnig werden soll.

Selten sprachst du
von etwas
anderem.

Zwei Menschen
als Pfeiler,
aufrecht oder
gesunken,
die Seele über den Quell
gebeugt.

Zwei
gegeneinander
gelehnt.
Arme, Schultern
als bloßes Gewölbe.
Fall gegen Fall,
und zwei
fliehen gerettet
unter den eigenen Leibern.

Die leichte Berührung
hast du beschrieben.
Silbern,
zitternd.
Den Atem als Netz
über dem Nichts.

So viel Glauben.

Deine entsetzlichen Farben.
Blut, Feuer,
der schwirrende Glanz
von Schwingen.
Die Nacht.

Deine Torturen.

Die Lust,
sich von Zinnen zu werfen,
auf Scheiterhaufen zu steigen,
gepfählt ans Gefühl,
zu zweit,
nackt.

Zwei.

Für dich
erst nahe am Wasser.

Deine Reime.
Bisse,
Küsse,
Schüsse.

Reime
zum Wahnsinnigwerden.

W. W.

Möchtest du
wieder zurück?

Noch einmal
das Gewirr
aus Briefen Lippen
Telefonaten
Pillen Zärtlichkeiten
Tratsch und Ruhm?

Ist getragen werden
nicht besser?
Fliegen
ohne Geschlecht
und Geschick?
Schweigen
und nie mehr
schreiben?

Sie schrieb
er hat am siebten
aufgehört
zu atmen.

Auf des Nikos
Kazantzakis Grabstein
steht er hoffe
fürchte nichts
und sei nun
frei.

Flugzeuge
Pässe Züge
Taxen Treppen
und Türen
sind endlich
nicht mehr nötig.

Ich schau dich an.

Wie frei
du bist!

Wie schön
daß du
gelebt hast!

Gärten

Mit Sonnen –
Feuer und Wasser
Scheren Hacken
Stöcken Schaufeln Pfählen
und Knochenmehl
den Regenbogen
schaffen
den grünen zartver-
zweigten Überfluß
säen die bunten auf-
gebrochnen Münder die euch
sagen ihr dürft uns
küssen atmen dürft
sogar wissen und
vor Entzücken
vergehen aber
schweigt

Das blendend weiße
und blaue Strömen
der Iris ist nur
der Widerschein von
Erz und Schwert und Engel
die draußen
drohen

Ein Wort
und was im Garten
lichterloh
brannte ist euer
Blut und ihr
die Erde in die
es rinnt.

Gesellschaftsspiel

Gesellschaftsspiel

Verhältnisse,
oder was man so nennt,
sind für das Spiel
unerläßlich.

Wer ausrechnet,
wie viele Jahre man sich
über ein und dasselbe Thema
schlaflos reden kann,
gewinnt.

Das Spiel ist erlernbar.
Kopf und Hände sind
ständig dabei;
das Herz wird geschont.

Meister wird nur,
wem es gelingt,
einen immer festeren Strick
aus überhaupt nichts
zu drehen.

Liebe,
oder was man so nennt,
sorgt für die Pausen.

Wer emsig ist,
knüpft sogar nachts,
während er schweigt.

Wer wenig Zeit hat,
spielt es am besten
zu zweit.

Nach mehreren Runden
erweist der Strick sich
als Schmuck.

Nicht selten wird er
als Zeichen der Treue
bewundert.

Unversehens –
gelangweilt oder aus
Übermüdung –
zieht einer der Spieler
ihn zu.

Erdrosselt oder
umhalst
ist der Partner
erlöst.

Ein Spiel
zum Totlachen.

Bruch

Der Lebenslauf
aus dem Wörterbuch.
Lexikalisch
eine Katastrophe
und metaphorisch
schon der Höllenbreughel.

Aus Dammbrüchen
hergeschwemmt,
geht es rasch
über die Jahre.

Unterwegs Wörter
auf Biegen und Brechen.
Verträge, Treue,
den Frieden –
ein Wortbruch
am andern.

Biographen
haben es leicht:
Erst bricht
die Stimme,
dann immer wieder
das Herz
und schließlich
das Auge

und hebt damit
die Heilige Allianz
des Menschen mit dem Leben
auf.

Ehe

I

Gleich zu Anfang
(sie erzählte es
während wir aßen)
schliefen wir
in getrennten Zimmern.

Jeder allein,
verstehst du,
der Freiheit wegen.

Den Kindern kam das,
glaubten wir,
eher gelegen.

Freilich Begegnungen
untertags,
und auf dem Nachttisch
ein Bild.

Größere Intimität
(jetzt lächelte sie)
erspart sich,
wer sein Leben
auf Dauer gestellt hat.

Ihre Stimme
bebte ein wenig.

Vor Angst,
meinte ich,
vor dem Terror
der Nähe.

2

Jetzt wird sie
entweder ruhig,
du weißt schon,
gelöst,
was ich mir wünsche,
oder immer nervöser
und unerträglich,
sagt er,
ganz ohne Zögern,
zu mir
auf dem Weg in die Stadt.
Das muß sich entscheiden;
ich warte ab.

Die Worte:
vielleicht,
du könntest
von dir aus ...
blieben mir stecken.

Am Abend zuvor
hatte sie lächelnd bemerkt,
im Grunde sei jeder
allein.
Wir hatten aber gar nicht
vom Sterben gesprochen.

3

Das Karussell.

Endlich zu träg,
die Hand dem Glücksring
auch nur entgegenzustrecken.

Die nächste Runde
wie von allein.

Das Pferd zu wechseln
ist mühsam,
da die Auswahl begrenzt
und die meisten besetzt sind
oder sich gleichen.

Das leichte Schwindelgefühl
verwechselt sich oft
mit Behagen.

Wortlos,
und noch unterhalten.

Damals wie jetzt
gehen im Dröhnen der Orgel
nur Schreie
nicht unter.

Ab und zu winken,
und das Geld nicht vergessen:
es wird nach jeder Runde
kassiert.

Winken kann schließlich
vieles bedeuten.

Wem es zu langsam geht,
gibt seinem hölzernen Pferdchen
die Sporen.

Metier

Je nach Begabung
und nach Okkasion
steigen wir
aus Förderkörben
in den Wortbruch.

Wir haben Stricke,
Netze, Hacken
und Stiefel dabei.

Im Dunkeln
weiß keiner,
auf wen er trittt.
Lüge und Wahrheit
sind fürs bloße Auge
nicht zu unterscheiden.

Aber wir schreiben
die Wände voll.

Applaus
oder schlagende Wetter –
wer kennt sich da aus.

Oben grassiert
der Konsum.
Produkte in Zellophan,
kaum vergifteter
als anderes.

Am Ausgang herrscht
bei jeder Schicht
Waschzwang:
Die Hände
gegenseitig
säubern
oder allein,
wie Lady Macbeth.

Spielhölle

Es soll vorkommen,
daß ein Spieler,
der bunten Chips überdrüssig,
einen Menschen
auf den Tisch wirft,
mit dem Gesicht
nach unten.

Der Samt dämpft
den Aufprall,
die Felder sind
deutlich markiert:
mit etwas Geschick
überschlägt einer rasch
den Gewinn.

Rien ne va plus.

Die Kugel,
so zögernd sie springt,
trifft immer.

Rot, schwarz.
Der Einsatz
geviertelt,
verneunfacht.

Das,
schreit er,
habe ich nicht
gewollt.

Aber das Haus
gewinnt immer.

Endlich

Als Akrobat
immer wieder hinauf.

Es sieht schon
keiner mehr hin.

Das sanfte Schaukeln
unter der Kuppel,
während unten
Pferde kreisen
und Bälle.

Bogen und Bahnen.

Fliegen,
sagt er sich,
können nur Vögel,
und ich
will nicht mehr steigen.

Das war die Entscheidung.

Der Sturz
in den Applaus
für die Clowns.

Keiner hörte
das leichte Knirschen
der Wirbel.

Auch er nicht.

Ich, der Tod

Ich, der Tod,

Ich, der Tod,
bin aus eueren Ängsten
zusammengeronnen,
aber verkannt,
überschätzt.

Ich besitze nichts.
Die Klapper, die Sense,
die Geige habt ihr
erfunden.

Weil ihr nicht begreift,
daß Fleisch brennt
oder welkt, daß alles
Gewachsene erlischt,
plötzlich, allmählich,
aber erlischt,
habt ihr mich
euch zugelegt.

Aus diesem Beilager
entspringt nichts.
Ich bin nichts,
und ihr seid
und wart niemals
unsterblich.

Ihr könntet
auf den Augenblick
setzen und schneller
leben als ihr
sterbt.
Statt dessen nehmt ihr
die Ewigkeit in den Mund,
bis er euch wegfault.

Ihr habt Kunst
aus mir gemacht,
einen Spiegel,
in den ihr,
von Geburt besessen,
starrt und hineinrennt.
Er zerschneidet
euch.

Ich, der Tod,
existiere nicht.

Was zustößt,
wenn ihr vor Schmerzen
schreit oder vor Lust,
weiß ich nicht.

Ich habe weder den Krieg
noch die Liebe
noch den Krebs
erfunden,
und nicht ich schlage euch
ins Herz
und ins Hirn.

Mir gilt das Sterben
einer einzigen Ratte
wie das Inferno von Dresden,
Auschwitz, Hiroschima
wie die Maria Callas.
Mich berührt nichts.
Ich habe kein Fleisch
und kein Geschlecht.

Wo sterbt ihr denn hin?
Ich empfange niemanden
und nichts,
gebe und nehme
nichts,
bin nicht.

Ihr seht und wißt
nichts.
Ihr schafft Fleisch,
das erlischt.

Gott
sagt mir nichts.

Dtschld

Dtschld

Nein
ich war
nicht dabei
als geschah
weshalb ich dieses Land
ohne dessen Sprache
ich verkomme
von ferne
in der Schrift
verstümmle
ihm das Lautfleisch
von den Knochen
brenne
es auf sieben
Lettern herabsetze
es unpunktiert
schreibe
gleichsam hebräisch.

Ja,
doch, eh ich davonflog,
war ich dabei,
atmete die Aschenluft
der vierziger Jahre,
den tödlichen, großdeutschen
Wind.

Kinderszenen,
ins Ungeheuerliche
transponiert.

Zu Weihnachten spielten wir
Krieg. Statt Kerzen
brannte das Land.
Zu Silvester fiel
schwarzer Schnee.

In der Schule immer
neues Vokabular:
Minenteppich und Sondermeldung,
Wunderwaffe und Volksempfänger,
Endsieg.

Wir lernten, und ich
erinnere mich.

3

Nein,
ich habe es
nicht vergessen,
daß du schon damals
geteilt warst
und unterkellert
von Bomben und Folter.

Meine Chronik
ist ein Leporello
der Schrecken:

Hier brennt
stürzender Phosphor
die Städte nachts
zu schwarzen Wänden,
dort reduziert des
brennenden Landes Verweser
seine Feinde
am hellichten Tag
zu Skeletten
und Rauch.

Ich war damals bibelfest
und rannte ohne
zurückzublicken
aus dem Feuer.

4

Ja,
die Willkür
deiner Besieger
und dein barbarischer
Fleiß (»Die Tugenden
der Deutschen sind
ein glänzend Übel«)
haben nach dem Ende,
wie im Märchen,
zwei aus dir gemacht.

Gemessen an euren
Nachbarn links und
rechts, steht ihr
in Blüte.

Geographie
ist unser aller
Schicksal.
An einem Leibe weiß
die Linke nicht mehr,
was die Rechte soll.

Und statt des Herzens
die versteinte
Trennung.
Und Schüsse.

5

Nein,
ich nehme mich
nicht aus.

Mein Paß
ist eine Maske.

Ich entdecke
so wenig Freies,
Echterfreuliches
in mir, zitiere oft
den Dichter, dessen Augen
im Turm, an Uferweiden
Inseln entgegeneilten,
sonnenflirre Küsten,
bin »bis ins Mark
zum Glück verdorben«
und des delphingetragenen
Gefühls der Heiterkeit
nur auf Sekunden
fähig.

Ich bin wie du
zerrissen
und bin nicht mehr
ganz.

Ja,
ich bin immer
woanders
und zittere
vor jeder Landung.

Hier,
am Pazifik,
hier münden die bleiernen
Wasser des Rheins zusammen
mit dem Kontinent ins Meer.
Hier springt die frühe heiße Dunkelheit
mich an, dort ragt geliebt der unerhörte Dom
in weiße Nächte, sagt, wo sind wir denn,
wenn an dem Hang in Blüten eure lieben
lachenden Augen mir entgegenschlagen?

Flog ich zu früh
davon und komm ich
jetzt zu spät?

Ganz bin ich nur
auf sechsunddreißigtausend Fuß,
wohin der Rauch, auch mein
zukünftiger Rauch
nicht reicht.

Nein,
daran ändert auch
der Traum nichts
am Morgen
wenn mir hier
die Brandung Muscheln
zuwirft
sind die Wälder
um eine Heimatstadt
nicht näher als die Ringe
des Saturn.

Den Acheron
zu überqueren
lehrt das Leben
nicht.

Und die sieben
Lettern so oft hinaus-
geschrien wie
verschwiegen
sind keine
Flügel.

für Rudolf Hirsch

Heimat

1

Wer verfügt,
man solle seine Asche
übers Meer streuen,
hat wenig Recht
auf das Thema.

2

Weiden,
deren Zweige bis ins Wasser hängen
und rote Dächer
gibt es in mehreren
Ländern.

Und wo die Tränen fließen,
vermerkt kein Paß.

3

Luftwurzeln also.
Man meint,
sie seien besser
als nichts.

Aber ein Windstoß
zerstört sie bereits.

In erhitzter Luft
glaubt man
sie blühten.

Ihre Frucht ist
unfaßbar.

4

Deshalb
wundern mich Gräber und Krypten,
dieser ganze lächerliche Frieden
aus Stein und Mörtel:
ein Père Lachaise
am andern.

So,
hofft man,
wird endlich ruhen
und liegenbleiben,
was flüchtig war.

5

Heimat,
das sind die Reisen
unserer Seele,
als Vogel
eingegraben
in den Stein.

Amerika

Als [...] Karl Rossmann [...] in den Hafen
von New York einfuhr, erblickte er die schon
längst beobachtete Statue der Freiheitsgöttin
wie in einem plötzlich stärker gewordenen
Sonnenlicht. Ihr Arm mit dem Schwert ragte
wie neuerdings empor, und um ihre Gestalt
wehten die freien Lüfte.

»So hoch!« sagte er sich ...

Franz Kafka

I

Du hast es
(verglichen mit Ländern
und Archipelen, wo
es das nicht gibt)
entschieden besser:
Du hast gewählt.

Du hast ihn
laut und vernehmlich
(seine Stimme schien zuweilen
des Volkes eigene)
gerufen.

Siebenundzwanzig Prozent
haben den Rüster
gerufen.

Neunundvierzig Prozent
haben nach niemand
gerufen. Sie waren
vom kleineren Übel
nicht überzeugt
oder hatten
an jenem Dienstag
etwas anderes vor.

2

Die Sprache,
wie die Wahrheit,
brennt.

Spielt nicht mit ihr.

Trotzdem sitzt man
unter Rüstern
beschirmt.

Sie halten den
knochenbleichenden
Wind von uns ab.

Schreie filtern
als Wohllaut durch
ihre Kronen.

Die rauschen uns zu.

3

Im November
der Erdrutsch,
wie südlich
von Neapel:
wirkliche Opfer
sind kaum von denen
im Gleichnis
zu trennen.

Dort barst
die Erde,
und hier schoß
die moralische Mehrheit
entrüstet hervor. Schoß.
Entrüstet. Jetzt ist sie
bewaffnet. Mit gefalteten
Händen. Der Herr
versteht Englisch.

4

Seinen Frieden
gibt er euch.
Es ist Zeit,
sich zum Ende
zu rüsten.

Also bewaffnen wir
uns, euch und alle,
die es bezahlen.

Wer sich die Waffen
nicht leisten kann,
dem schenken wir sie.

Wir repräsentieren
den Westen, wo jeder
Bürger die eigene Burg
vor Feinden beschützt.
Mit automatischer
Waffe. Gesichert
in unsrer Verfassung.

Wer's nicht begreift,
weil er zu arm ist oder
zu intelligent oder
zu pervertiert oder
weil seine Seele
betrübt ist, den nehmen
der Rüster und seine moralische
Mehrheit aufs Korn.

Wer den Herzschlag
bezähmt und das eine
Tiefsicht gewährende Auge
zuzudrücken versteht, trifft
immer ins Schwarze.

Geschundene, kommet zuhauf.
Hier ist jeder willkommen.
Die Freiheitsgöttin legt an.

Wir wählen unseren
Gott wie unseren
Arzt wie unseren
Führer. Dieser kommt uns
dreieinig entgegen.
Auf Bildern sind manchmal
Völker, die sich ergeben,
nur schwer von denen,
die flehen, zu trennen.
Und ob dann der Führer
schießt oder segnet.
In jedem Falle erlöst er:
Der Retter. Der Heiland.
El Salvador.

6

Kennst du das Land?

Ich liebe es
und fürchte,
was uns die Göttin
im Hafen von New York
wie neuerdings
entgegenreckt.

Sie hat viel
hinter sich.
Was kommt jetzt
auf sie zu?

Sie steht
sehr hoch.

Hört sie denn
die Geschundenen
aus allen Ländern
noch? Jeder
war doch willkommen.
Wendet sie je im starken
Wind den Kopf?
Weiß sie, wer
hinter ihrem Rücken
mit ihr umgeht?

So hoch.
Und unter ihr
kein fester Boden.

So hoch –
ich spüre
wie ihr Gleichmut
das Gesicht
erschauern macht.

Testament

I

Das Land
laß ich euch.
Fahnen müssen nicht
fliegen.

Verfügungen
über ähnlich Flüchtiges
erübrigen sich.

Und Geschriebenes –
mit Kußhand.
Bedient euch.

Lob und Verleumdung
sind wiederverwendbar;
den Tadel nehme ich
als Zehrpfennig.

Schmerzen,
auch die zugefügten,
gehen an ihre
Urheber.

Was ich berührt
und geküßt,
soll langsamer
altern und niemals
vor Trennung
verkommen.

Dafür laßt mir
Wasser und Sonne
bis kurz vor dem
Schluß.

2

Mein letztes Wort
über die unvergänglichen
Werte:

Tränen,
aneinandergereiht,
bunte und
graue –
der seltsame,
teuerste
Schmuck.

Ich habe sie,
zeit meines Lebens,
reichlich verschenkt
und gemerkt,
daß sie die Augen
entzünden
und wieder
entwaffnen.

Wer sie verlacht
oder zu trocknen vergißt,
soll sterben.

Gegeben, gezeichnet
hellwachen Leibes,
todmüde.

Untereinander

Plötzlich

kann ich
deine Lippen
hersagen

kann ich
deine Augen
aufschlagen

kann ich
deine Glieder
regen

sind wir
ineinander
aufgehoben.

Zuletzt

Ob die großzügigen
Griffe des Willkommens
und die genaueren
Gesten der Lust
dann noch gelingen,
weiß keiner.

Es kann gut sein,
daß einmal alles
unaussprechlich wird,
auch was, aneinandergelehnt,
einer vom anderen
ablas.

Dann müssen
wir uns gegenseitig
bitten,
den Augen morgens
in den ersten Streifen Grün
am Horizont zu folgen,
ehe das große Feuer
den Tag holt.

Und das muß
genügen.

Untereinander

Einen Menschen
im Nebenzimmer
wissen.

Beim Lesen
Geister untereinander
sprechen hören,
den Geschmack
ihrer Reden
auf der Zunge.

Sonne
unter den Lidern
auf dem Gesicht
eines andern
wiedererkennen.

Die Hand
auf seiner Schulter,
während draußen die Welt
weitergeht.

Heidelberg, vor Jahren

Der kalte Fluß.

Der vierundzwanzigste
Dezember.

Ein paar halbe
Sätze und in die
aufgeschlagnen Lungen
fuhr Rauch und Schnee,
der Atem
der Ländlichschönsten.

Später,
um die Ruine
auf halbem Berg,
Windsbräute
von Glocken.

Gegen Mitternacht,
im heitern Chor der Kerzen,
entsprang ein Reis.
Wir umschlossen es
auf einen Augenblick.

Eisig
der Heimweg,
gegen einen Wind
der Kind und Ochs
und Esel vor sich
hertrieb.

Die Hirten brachen
bei Seinem Anblick
in Tränen aus,
vor Freude. Wahrscheinlich
rührte sie
zur halben Nacht
Sein Schein.

Uns waren in der ganzen
auch die Gesichter
naß. Die Kälte
kam in Böen.

für Christa Stiehm

Versprechen

Schlafe –

ich will mich
vor die Toten stellen
die vor Trauer
schreien

und will dir
die Augen zuküssen
damit du sie
nicht siehst

und wach bleiben
bis sie dich
mit mir
verwechseln.

Tagelied

Sie kam,
die vom Meer
heute zurückgeworfene Sonne
auf der Haut,
sehr langsam
auf mich zu
und schüttete sie mir
von den Schultern
und der Stirn
ins Gesicht.

Wir lagen
die halbe Nacht
in diesem Licht,
ehe es an den Gegenständen
und unseren Mündern
erlosch.

An ihren Augen
verging die Finsternis
sich erst vor Morgengrauen.

Ich werde jetzt
den Atem anhalten,
bis der erste Vogel
an die fliehende Nacht schlägt
und sie zersplittert
und will dir dann im Dunkeln
noch die Scherben
von den Lidern lesen.

Glaubst du,
wir leben so lange?

Schluß

Nicht so
mit dem Gesicht im Asphalt
und was dich berührte
zertreten oder
in Fetzen

nicht
unter blitzenden Messern
Lampen und Watte

vielleicht
aus heiterem Himmel
im Wind die Augen
intakt bis
zuletzt

und du
mir zugewandt
spürtest am Ende
das leichte Wirbeln
im voraus.

Glaubt mir, es eilt

Nach Auschwitz

Keine Gedichte mehr?

Etwa der apologetische
Regierungsbericht
(das Weißbuch – o Sprache,
mißbrauchte Sanftheit
des Schnees!),
der langatmig verlogne
Roman oder die
Zeitung?

Wie ein Massengrab
spart ein Gedicht
Raum und Zeit.

Vor Auschwitz,
seit Auschwitz
regnete es Diktaturen,
und Flüsse und Städte
führten Blut.

Seit Auschwitz
ist die Geschichte
nicht totzukriegen.
Arbeit macht
immer noch frei,
und abends hört
immer noch Bach
oder Mozart,
wer tagsüber tötet.

Seit Auschwitz
– Hut ab vor diesem
Jahrhundert –
ist nichts mehr
unmöglich.

Auch Gedichte nicht.

2

Ermuntert,
ihrer Phantasie
freien Lauf zu lassen,
zeichneten Kinder
aus Kambodscha,
dessen neuester Mörder
letzthin befand,
es gebe dort ganze
Millionen Menschen
zuviel,
wie man Eltern,
Geschwister und Fremde
aufhängte, erschoß
und verbrannte.

Dabei
erkundigte sich ein Mädchen,
was eine Puppe sei.

Die Luft bebt noch
vom Zuschlagen der Pforten
des Gartens,
und eine Stimme,
die Adam und Eva
zur Arbeit befahl
(es war Gnade, glaubt
mir, Routine und
Trost der Erschöpfung),
weht noch immer.

3

Heute,
einen Atemzug
vor dem dritten Jahrtausend
des Kreuzes,
fressen
die erste und zweite Welt
wahllos die dritte.

Strahlend
wird zugrunde gehen,
was nicht verhungert.
Anthropophagen:
o wie das Fremdwort
euch schont.

Die Apokalypse
(Johannes auf Patmos,
Hieronymus Bosch,
die furchtbaren
Märchenerzähler)
hat schon lange
begonnen.

Wir leben,
ehe wir sterben,
ihre Details.

4

Frühmorgens
die Sonne,
die Blumen,
das Erdreich geöffnet.
Natürlich
schlagen die Amseln
auch im Wald
von Katyn.

Hut ab
vor unserem Jahrhundert.
  Sein Fortschritt
  ist unübersehbar:
  Genickschuß und
  Hirnchirurgie
  pflegt es mit
  Akkuratesse.
  Es rottet uns aus
  wie es uns rettet
  und ficht mit dem Krebs
  den es gesät.
Kopf ab
vor unserem Jahrhundert.

Komm,
neues Jahrtausend
nach Auschwitz.

Sonst war alles
umsonst.

Daß wir weiterlieben
ist ein Wunder.

Seit Auschwitz,

seit Auschwitz
schäme ich mich
in der Umarmung.

Dein Hals pulst
gegen meine Lippen
wie große Vögel
ihre Beute schlagen.

Unsere Leiber
fahren atemlos
ineinander
und liegen nackt
verklammert,
als hätte sie einer
zu Tode geduscht.

Solange ich
deine Haut spüre,
schinden sie dich nicht
zu Lampenschirmen.

Wir fahren vor Dankbarkeit
aus dem Schlaf.

Wach auf!
Sie töten im Schlaf,
und südlich von uns
(los desaparecidos)
wird, was einer geküßt
(die Verschwundenen)
schon wenig später
gefoltert.

Komm,
eh uns mit Keulen
die Stunde schlägt,
ehe wir,
die Verschwindenden,
uns übergeben.

Trotz Auschwitz
ist die Geschichte
nicht totzukriegen.
Aber wir,
aber wir,
und wie leicht.

Wach auf,
berühre mich,
warte nicht,
bis die Zeiten
sich ändern.
Sie ändern
sich nie.

Bis Auschwitz
und alle Verschwundenen
vergessen, erinnert,
gesühnt –
sind wir verstummt.

Dennoch Gedichte.

Mundtot gesprochen,
gefoltert empfangen.

Nur Menschen
verschwinden
spurlos.

Dichter kann man
erschlagen, Namen
werden gelöscht.
Einer, die Hoffnung
vielleicht, brennt sich
die Lettern ins
Hirn.

Weiß,
drucklos,
aus Archipelen
über die Grenzen
mit ihnen.

Und jetzt
schreien, sie laut
und auswendig
schreien:

Die Schrift
als Sturm,
als Rauch von Menschen,
die brannten.

für Wolfgang Weyrauch

Vielleicht

kommt die untrügliche
Klarheit

ehe sie mit Äxten
Riegel und Schlösser
aufbrechen
und dich holen

und dir die Haut
herunterreißen
weil auch dein bißchen
Gesang die Schreie
aller Geschundenen
nicht übertönt hat
nicht einmal den schleichenden
Gang des Krebses

vielleicht
siehst du dann
doch klarer

und die Tränen
trügen dich.

Mit rauchloser Flamme

Mit rauchloser Flamme
brennen
ist Glück
geschürt von
fliegenden Küssen
Fingerkuppen an den
Flanken dem Blick
ins Blau den Kern
des Himmels des
Gesichts des
Lichtes:
an dir
hinuntereilend
nicht aufzuhalten
Mund und Geschlecht
wie Zunder
ununterscheidbar
und letzten
Endes wenig
Asche heißer
Atem zu Gesichten
entzündet:
ein Blitz in dem
das Fleisch das
hautüberspannte Herz
zerspringt.

Letzten Endes

Schlagt euch die Tränen
und das Rudel Lügen
aus dem Kopf.

Ihr müßt jetzt lieben.
Es eilt.
Asche wirbt nicht.

Ihr müßt hinsehen,
ja, jetzt.
Geblendet winkt ihr
nichts Liebes herbei.

Ihr müßt zugreifen,
eh sie euch fesseln
und Braut und Bräutigam
zerreißen.

Glaubt mir,
es eilt.

Inhaltsverzeichnis

Richard Exner
Fast ein Gespräch
Gedichte. 96 Seiten. Leinen. DM 18,–

In seinem Gedichtband ›Fast ein Gespräch‹ bringt Richard Exner die Erfahrung eines Mannes »in mittleren Jahren« ein. Vielfältige Erfahrungen, von denen jedoch eine häufig wiederkehrt: überraschend intensiv gelebte Augenblicke und Tage durch das unverhoffte Nahekommen und die Zärtlichkeit eines anderen Menschen. Wenn wir miteinander leben wollen, müssen wir miteinander reden. ›Fast ein Gespräch‹ macht uns diese Unabdingbarkeit von neuem klar.

»In einer Sprache ohne Du und Ich erreicht der Autor eine große Eindringlichkeit«   *Die Furche*

»Exners Gedichte drücken radikal aus, aber ihre Radikalität mündet ins Harmonische«   *Wolfgang Weyrauch*
in *Darmstädter Echo*

»Ein sehr bemerkenswerter Gedichtband dieser Tage«
Neue deutsche Hefte

Preisänderung vorbehalten

Schneekluth